Quelque part, une vague…

Guillaume Moingeon

Quelque part, une vague…
Recueil

LE LYS BLEU
ÉDITIONS

© Lys Bleu Éditions – Guillaume Moingeon

ISBN : 979-10-377-9642-4

Douce poésie ! le plus beau des arts ! Toi qui, suscitant en nous le pouvoir créateur, nous mets tout proche de la divinité, les déceptions n'ont pas abattu l'amour que je te portais dès ma tendre enfance !

Guillaume Apollinaire

Quelque part, une vague

Un vieux marin, très vieux, très vieux
pipe au bec, vague à l'âme, larme à l'œil
blague à tabac à part, casquette au vent
le nez rougi par le susdit et par l'absorption
de boissons méthyliques
laisse errer son regard, son regard délavé
par-delà l'eau grise, par-delà la cale
et le phare qui clignote.
Quelque part, une vague…

Ode à Bacchus

En buvant un alcool, apprécions son parfum
qu'il soit moelleux, ambré, comme le miel, l'ambroisie
qu'il enflamme un instant nos frêles intestins
ou coule tout doucement, comme le temps, sans bruit.

Qu'il soit ce vieux Bourgogne aux moires reflets changeants
ou cette épaisse liqueur qui endort nos sens
il restera toujours le dieu du bon vivant
qu'importent son origine, son degré, son essence…

Dans l'ambon, dans la nef, le prêtre lève son verre
en un salut touchant au liquide sensuel ;
dans la ferme, dans les champs, partout où l'on s'affaire
il est là, bien docile, attendant notre appel.

L'ouvrier exténué le connaît, son ami,
il garde à tout instant quelque flacon, non loin.
Plus dure est la tempête, meilleure est l'embellie !
Et c'est ce qu'en trinquant affirment les marins…

Dans le palais royal, il n'est nulle décoction,
nulle mixture, nul breuvage, qui n'ait du répondant.
On peut à chaque instant craindre une révolution
mais quand la cave est pleine, on est prêt, on l'attend

L'aviateur transi, dans son aéroplane
a toujours en réserve un pichet arrimé
à la tôle frémissante de sa carlingue ; la panne
peut en plein ciel frapper son gosier desséché.

le mineur dans son trou a pris garde de penser
à se munir, prudent, d'un tonneau poussiéreux ;
le nectar qui y dort titre assez de degrés
pour rendre au moribond son esprit facétieux.

Il n'est nul paradis, nul enfer, nulle maison,
nulle boutique, nulle guérite, qui n'en contienne une larme.
Et si réellement, l'alcool est un poison,
Se mithridatiser comporte bien du charme !

Il est aussi remède, source de guérison ;
le vieillard cacochyme dansera la gavotte
ou, après l'absorption, de deux doigts de bourbon
notre tremblant ancêtre courra bien quelque dot.

La muse des poètes n'apparaît à ceux-ci
que lorsque toutes les gourdes leur ont montré le cul.
Ce n'est qu'à cet instant, à ce moment précis
qu'elle apparaît toute rose, avec une trompe, et nue.

L'alcool, disait Rousseau, est le fruit de la terre
l'âme du miséreux, cœur de l'humanité.
C'est un bien si précieux, a ajouté Voltaire
qu'il n'existe aucun coffre qui le puisse protéger.

Le seul endroit tranquille où ce mets enchanté
puisse dormir serein et laisser son ramage
nous charmer sans contrainte est l'estomac d'acier
dont nous fûmes dotés par cette nature si sage.

Une fille aveugle

Chaque jour, un peu plus, tu aimes une fille aveugle
qui ne te comprend pas, et là est ton combat
combat d'homme qui hurle ou de bête qui beugle
trop de bruit sans effet, puisqu'elle ne comprend pas

À présent c'est fini, les rêves et le tabac
fini l'euphorisant, fini, les filles de joie
vous voici seuls au monde, elle, seule, avec toi
avec une femme aveugle pour laquelle tu te bats

Et là est ton combat, car elle ne comprend pas
ce que coûte chaque jour, chaque geste, chaque pas
sur le chemin pierreux qui te mène dans ses bras
toi le handicapé, l'homme qui ne marche pas.

Allitération

Voici venue l'Épiphanie
L'épine-vinette fourbit ses fruits,
Épistolier, je te proclame
D'une épître et deux épigrammes
La flamme qui ronge mon épiderme…
Oh ! Comme je t'aime, épicurienne !

Je voudrais qu'un épithalame
épitonné de toute mon âme
Soit l'épillet de tous mes sens
L'épierrage de notre existence.
Que d'épithètes je te vote
Ma belle et frêle épirote

Épissons donc nos deux chemins
Peut-être seront-ils plus sereins
Si nous marchons main dans la main ?
Les épines, nous gêneront moins ;
Des épinoches nourriront
Nos corps avides et nos passions ;

L'épicéa nous chauffera
Une épitoge nous couvrira…
En épilogue, quand nos enfants
Auront grandi, avec le temps,
Ces épigones, adultes, demain,
Épideront ces doux desseins

Et peut-être même cette épigraphe
Deviendra-t-elle notre épitaphe.

Près de toi

Accepte, mon amour, de sortir du jardin
te savoir étendue me rend par trop morose
c'est à toi, ma compagne, que je dédie cette prose
tu es belle ce soir. Mais quel est ce parfum ?

Tes longs cheveux dorés resplendissent, ruisseau d'or
sur tes épaules blanches en torrent, impétueux
j'ai gardé ton image tout au fond de mes yeux
et je peux dessiner, peindre ou sculpter ton corps

Je voudrais, près de toi, m'étendre et disparaître
retomber en poussière, m'envoler en fumée
je voudrais qu'on ne cesse, tous les deux, de s'aimer
qu'en nous décomposant nous ne fassions qu'un être

Je te sortirais bien du carré des défunts
tu ne resteras pas dans cette boîte noire
je te prends dans mes bras du fond de ma mémoire
ma main gratte le bois, la terre, cherche ta main

Je voudrais, près de toi, m'étendre et disparaître
retomber en poussière, m'envoler en fumée
je voudrais qu'on ne cesse, tous les deux, de s'aimer
qu'en nous décomposant nous ne fassions qu'un être…

Le mariage

Aujourd'hui c'est la fête, deux jeunes gens se marient
et l'on rit dans la foule, car ce soir, dans le lit
l'hymen de la tendre déchiré par l'amour
libérera son flot de sang... et de discours !

Dans les draps damassés éclatera le drame
l'amour perd au mariage l'inconnu et le charme
soudainement remplacés par la tempête, les larmes
qui surgiront, sournoises, avec le liquide parme

Et le mariage, mauvais, mettra bas son beau masque
nous dévoilant ainsi un faciès de jaspe
le destin amusé, qui unit les amants
jusque devant l'autel, en rira grassement.

Bientôt s'envoleront les verres et les assiettes
éphémères volatiles qui tomberont en miettes
puis les mots très grossiers écorcheront les murs
et la tendre caresse deviendra gifle dure...

L'ami de la jeune femme deviendra son amant
et le mari prendra, lui aussi, comme avant
une maîtresse qui l'aime et le soulagera
de cette mauvaise union qu'il a contractée, las !

Le divorce viendra dans une saine entente
puis on regrettera, mais l'angoisse latente
surgira à nouveau dans l'esprit fatigué
par le bébé qui tousse, la pension à payer

par la maison à vendre, puisqu'achetée à deux
la machine à laver qui fuit autant qu'elle peut
par la voiture usée, il faut changer les pneus.
Et l'impôt accablant ! Nous voilà déjà vieux.

Océan

Océan mon amour, si j'ai dû te quitter,
si sur les rochers roses je ne viens plus rêver
si les rafales de vent taisent mon air préféré
mon cœur est encore là, dans le goémon, couché

Console mes compagnons, toi, tu le feras bien
parle-leur de mon départ, en quête d'un lendemain
fais savoir aux pêcheurs qui relèvent leurs filets
qu'autour d'eux, tous les soirs, vogueront mes pensées.

Il faut bien travailler pour gagner de l'argent
élever sa famille, éduquer ses enfants
et nous devons parfois rallier une grande ville
au lieu de vivre libres, sereins, ici, tranquilles.

Océan mon amour, si j'ai dû te quitter
dis à tous qu'un jour, enfin, je reviendrai
et je bâtirai là une vaste maison
léchée par tes embruns, mon océan breton.

Le tout de mon cru

L'étron fumant va, solitaire
vogue dans les tuyaux, sous la terre
porté par l'eau croupie et fangeuse
il glisse dans les boues argileuses

Puis il sèche là, mélancolique
oblong et caractéristique
extirpant sa pointe cylindrique
du magma de la fosse septique

Une fois qu'on l'a fait, comme il faut
on le chasse avec un peu d'eau
moralité, hélas flagrante
un tantinet désobligeante :

La matière fécale est bannie
de la maison, de notre vie
car elle est faite, dit Confucius
pour disparaître après l'anus.

La rupture

Les pas, dans l'escalier
la valise hâtivement bouclée
les larmes au plus vite essuyées
les moments heureux décriés
les mots doux très vite oubliés
il ne reste que la méchanceté
plus une once d'objectivité
Là, sur le sol, une robe froissée
ici, un livre foulé du pied
des bibelots et du verre brisé
ici-bas, rien ne peut durer
les pas se sont éloignés
la porte du bas a été claquée
triste rupture, passé brisé,
l'oiseau, la fée, s'est envolée
il faut dormir et oublier.

La prostituée

C'était une bonne gagneuse : c'est qu'elle était jolie !
Il en passait, du monde, dans son grand lit de chêne
la couverture moulait son corps de sirène.
Elle était magnifique. Pourquoi suis-je parti...

Je l'ai bien regrettée, et d'autres sont passés
dans ce lit brun, rustique, pour y faire l'amour ;
ils l'ont tous possédée, méprisée sans détour,
dans ces draps où jadis, je sais avoir aimé.

Un matin de décembre, je me suis souvenu,
mais je l'ai retrouvée sous une croix de bois.
Dans son lit s'ébattait une autre fille de joie
qui se disait sa fille, alors je n'ai pas pu.

Tempête

Face au vent, sur la grève, je contemple la mer
les moutons, les embruns et les longues sargasses
qui par une tempête arrachées à la pierre
confient leur destinée au courant qui les chasse

Au loin, quelques esquifs que le vent pousse et couche
vent qui hurle dans les pins, secs, usés, mais fiers
frontière des éléments, gabelous de vieille souche
l'un d'eux tombe parfois, gémissant, dans la mer

Et les maigres vigiles, ses frères et ses compères
restent de bois dehors mais pleurent en leur cœur
ressassant en silence leurs sentiments amers
ils saluent le départ de cet arbre, l'un des leurs.

Les noyés

Une barque dérive au fil de l'eau ; quelques convives
dans les roseaux
un peu joyeux. Ils ont trop bu

Le vieux pont était vermoulu
une barque dérive au fil de l'eau
quatre ou cinq corps, dans les roseaux…

Aux accents de l'espoir

Embryons de paroles que l'on étouffe sans bruit
serpents vociférant à la langue fourchue
papillons démoniaques aux contours imprécis
Silence ici, on tourne. Silence ici : on tue !

Lampes multicolores aux longs pieds d'étincelles
fades ampoules trop pâles, trop usées, trop décentes
cieux ternes et dieux gris, Olympie n'est plus belle
les couleurs de jadis en sont, ce jour, absentes.

Rien n'a plus d'intérêt et rien n'a plus de charme
à vivre dans le mensonge et à fuir le rire
nos bonheurs croulent ainsi sous le poids de vos larmes
vos discours stupides n'incitent qu'à partir.

Embryons de pensées aux accents de l'espoir
aux notes chantantes et gaies, tonitruantes et vraies
allons danser et vivre, allons chanter et boire
laissons l'homme politique, tout seul, pérorer.

Embryon de bonheur que tu gagnes, peu à peu
embryon de sagesse, que tu gagnes, pas à pas
profite de ta jeunesse, un jour tu seras vieux
mais tu seras si beau, en grand-père… papa.

Un désir fugace

Fugace, un désir me survole, un souvenir me pique
puis fuit, bourdonnant gravement.

Souvenir d'une femme brune et de toute beauté
courte idylle engoncée dans de sots préjugés
bonheur éperonné lorsque la vérité
est venue, en personne, afin de corriger
ce sentiment amer bêtement glorifié.

Ersatz de religion : ça devait nous manquer
un être à déifier qui puisse tout expliquer
coupable de nos actes, prêt à tout justifier
nous laissant innocents, sans responsabilité
une doctrine en laquelle on peut s'abandonner
un temple, une prison, qu'il nous faut édifier.

Fugace, un souvenir me survole,
puis fuit, bourdonnant gravement.
L'avenir appartient aux amants.

L'accident

Le ballon rebondit, le garçonnet le suit
mais une voiture surgit et ses parents, qui crient
ne peuvent rien changer

Dans un bruit de freinage ils assistent au carnage
au milieu du visage
puis une pluie d'orage vient battre la chaussée

Le petit corps sans vie sur la route, où il gît
pourrait être endormi ; angelot assoupi
qui ne songeait qu'à jouer.

Près du feu

Près du feu, bien assis, diserts et facétieux
nous bavardions gaiement, quand dehors, la tempête
soufflait à perdre haleine au-dessus de nos têtes
j'aimais ces longues heures, que nous passions, à deux

Parfois, je me taisais et te laissais songeuse
triste ou gaie, je ne sais, mais tu étais ailleurs
tes rêves et tes sourires ravivaient mon bonheur
je les imaginais en te voyant, gracieuse

Puis le vent, rassasié, daigna dompter son ire
et tu as proposé d'aller par les sentiers
admirer les embruns dans la demi-clarté
d'une embellie sublime. Et tu t'es mise à rire

Tout émerillonnée comme l'écureuil sauvage
tu sautillais, courais, caressée par le vent
émoustillée sans doute par l'approche du printemps,
les senteurs de sapin, et les tendres ramages

Les corallines, penaudes, emportées par les flots
longues cordelles de varech, dansaient juste pour nous deux
et les genêts dorés imitaient de leur mieux
leurs cousines aquatiles dans ces ballets si beaux

Les grimpereaux prolixes de joyeux pépiements
répondaient aux appels de leurs frères marins
dans ce langage chantant, si proche et si lointain
je te devinais mouette, j'étais ton cormoran.

L'ordinateur

Un hérisson, grise paillasse, traînarde
Dans le ciel presque vert, l'oiseau pollué
ferme les yeux, retient son souffle, écarte les ailes
L'ordinateur, dans les usines
a trop remplacé les humains
qui aura du travail, demain ?

Anonyme

Pas de titre ni d'en-tête
pas de tête, d'étiquette
de nom ou dénomination
matricule ni appellation
contrôlée ou non

Pas de titre ni d'épithète
pas d'attribut ni de tribu
dont les sujets attribueraient
titres à l'être à leur tête

Pas de tête ni d'épître
pas de pape ni de pitre
pas de pâtre ni de patrie
pas d'éthique et pas d'étiquette
pas d'ethnie ni d'éthylomètre
et pas de prix. Si ?

Questions

Il a dit « où », j'ai dit *devant*
il a dit « yes », j'ai dit *savant*
il a dit « donc », j'ai dit *marrant*
il a dit « or », j'ai dit *pédant*
il a dit « ciel », j'ai dit *charmant*
il a dit « non », j'ai dit *frustrant*
il a dit « Ah ! », j'ai dit *vraiment ?*
il a dit « un », j'ai dit *seulement ?*
il a dit « pour », j'ai dit *sciemment*
il a dit « mais », j'ai dit *va-t'en...*

Hymne aux entéléchies

Dans la brume matinale, tu pars en souriant
les sirènes du port couvrent ta voix ; le vent
l'emporte au loin, très vite, et vous, entéléchies
partez avec les flots, arrachées de ma vie

Les sirènes du port couvrent ta voix, le vent
souffle en tempête, gémit, prononce ton serment
les sirènes du port usent leurs cônes d'argent
en chantant dans les cieux avec fougue et talent

Les sirènes du port déchirent ta voix, tu ris
tes paroles s'envolent et se joignent à ton rire
et tous deux se subliment. Sais-tu que de ma vie
je n'ai aimé que toi ; c'est difficile à dire

Mais c'est vous que j'attends, ô douces entéléchies
état de choses finies, pour définir la vie
vous lui donnez un sens, lui conférez l'attrait
du sublime au sordide, du magnifique au laid.

Traîtrise de chien

Le chien qui court pour échapper aux coups, pour
chercher la baballe
et le chien qui s'abat sur le cylindre cuivré
qui frappe la cartouche et qui propulse la balle
par un temps de chien vers son cousin des champs

Il est petit et bas et l'autre qui roule, qui roule, en boule
en chien de fusil frappé par l'adversité
et qui a trouvé
… la baballe.

Une patte, une main

Les vagues lèchent la coque
le vent gonfle le foc
la grand-voile, mal réglée
faseye, trop peu bordée

Sur le pont, une fille
… une femme ? Se déshabille
expose son corps bronzé
au doux soleil d'été

Elle se met à crier
puis coule : elle s'est noyée
son chien, sur le bateau
entend et saute à l'eau

Une patte, une main
un instant ; et plus rien
un voilier hésitant
zigzague sur l'océan.

Vive le sport !

Le sais-tu, fine planche, qui glisse sur les ondes
javelot filiforme qui t'envole dans les cieux ?
Le sport est plus qu'un art, c'est le sceptre du monde
l'homme, en le pratiquant, devient l'égal de Dieu

Car il surpasse ainsi grand nombre d'animaux
acquiert des qualités physiques et morales
le sportif obéit à la règle du Beau
du noble et puis du vrai ; il s'extrait du banal.

ô ! Toi puissant voilier, poussé par tous les vents
sans bruit et sans effort, léger, tu fends les flots
tes voiles, comme des ailes, caressent le firmament
ton barreur ébloui ne trouve plus ses mots.

Marteau, disque ou bien poids, qu'un jet propulse au loin
à qui de puissants muscles ont conféré la vie
qui vole quelques secondes et fend l'air, serein
pour battre des records par d'autres établis

ô ! Toi, ballon de cuir que viennent frapper les pieds
des joueurs décidés à gagner la partie
et gros ballon tout rond qui choit dans le panier
où un geste exercé t'a projeté, précis...

Petite balle jaune que frappe la raquette
d'un geste si rapide qu'admirent les spectateurs
balle de match et soudain, voici la fin du set !
Les applaudissements qui saluent le vainqueur

Crissement douloureux des skis sur la montagne
dans la neige poudreuse, sur la pente verglacée,
pas le droit de tomber car il faut que tu gagnes
et le slalom géant ne fait que commencer !

Le virage des tribunes est presque à angle droit
et le public ne cesse de fixer le motard
chevauchant son engin, car si hélas ! il choit
il peut perdre la vie en perdant la victoire.

La puissance nous vient de la pratique du sport ;
il faut aller plus loin, se surpasser encore,
aiguiser son esprit, développer son corps
pour apprécier de vivre et éloigner la mort.

Condamnée

Bruine matinale, fichu crachin
gouttes qui luisent sur les pétales
papillons qui hésitent dans un air parfumé
alourdi de brouillard
et feuilles qui volettent en inégales spirales
déclinent les marrons
les beiges, le roux et l'or.

Te voici partie pour les monts
là où l'air pur te guérira ;
je dis ça mais…
pour le médecin, tu n'en reviendras pas

Je reste là, pensant à ça
je reste là, pensant à toi
assis sur le gazon humide de mes larmes intarissables.
Fichu crachin. Fichu chagrin…

Le temps de lire

Lectures passées effleurent ma pensée
lectures présentes s'imposent, qui me hantent
lectures futures érigent ma culture

Lectures passées et déjà oubliées
lectures présentes qui racontent et qui chantent
lectures futures pour un esprit plus mûr.

Au cœur de l'Europe

L'Occident s'atermoie en excuses primaires
quand au cœur de l'Europe un vrai conflit, barbare
oppose des civils aux canons et aux chars
parce qu'un dictateur fou leur a dit de le faire

Une épaisse fumée enveloppe les rues
chaque jour tombent des hommes qui ne demandent rien
chaque jour meurent des êtres, de froid, de peur, de faim
touchés par des snipers ou des tirs d'obus

Dans un cocon glacial la terre se refroidit
des foules épouvantées quêtent leur nourriture
au milieu des cadavres rongés de pourriture
et c'est pourtant tout près, L'Ukraine et la Russie

Les frères de ces deux peuples, dos à dos, se combattent
les attaquants s'acharnent pour un bout de terrain
pour une ville en ruines reprise le lendemain
et sur des croix de bois se succèdent des dates

Des enfants sur une luge, touchés par un mortier
teintent de rouge la neige et se voient amputés
d'un bras ou bien d'une jambe, plus chanceux que les tués
dont l'unique tort était, finalement, d'être nés

Mais dans ces cieux obscurs où gronde le tonnerre
existait un espoir, baptisé l'Occident
il veut donner des armes sans s'impliquer vraiment
pas question d'arrêter par la force cette guerre

Alors jour après jour, la litanie des morts
accapare les ondes des divers médias
les survivants, hagards, font un gibier de choix
et l'on tuera toujours, tant qu'il en reste encore.

Un mois trop tard

Au début, il voulait un enfant.
Il a télégraphié : veux-tu être maman ?
Quand dix mois se sont écoulés
Il s'est manifesté, bébé.

Oh ! Pas d'un coup, bien sûr !
Ni sur un coussin dur
Le parrain, cousin pur
Et déjà d'un âge mûr

A dit : il a son âge, c'est vrai
Je suis désemparé.
Un mois trop tard, petit !
Dur de quitter le nid…

Le dernier soupir

Étendu sur le sol, moribond, il l'attend
il attend de sa faux l'ultime mouvement
dans un dernier regard, il compte les nuages
que lui laissent entrevoir les trouées des branchages
Les fleurs frémissantes miment un adieu touchant
des larmes de rosée échappent au firmament
la mousse est attristée de le voir ainsi, là
couché comme un enfant, sans force, priant tout bas
Les geais et les rouges-gorges pleurent et détournent les yeux
afin de lui cacher leur trop pénible adieu
et l'écureuil gris, par ce tableau, touché
frotte ses petites pattes, empreint de gravité
Et soudain, le voilà qui le prend dans ses bras
l'inconscience bienséante est venue avec « ça »
l'ange devise avec l'elfe et le bleu vire au noir
une trompette invisible joue l'air du désespoir
La viorne mancienne et l'if, tendrement enlacés
se balancent lentement, par le vent d'ouest, bercés
lui attend sans bouger le jugement dernier
Et voici les jurés.
Le juge, et l'avocat viennent ensuite tout droits,
dignes comme des prélats
et puis ce sont, alors, les amis décédés

Il leur sourit, ému, de les revoir ainsi
et il se dit tout bas « que c'est court, une vie,
que le monde est immense, que l'homme est donc petit ! »
Le temps passe, en flânant,
et la sentence enfin, prononcée
d'une voix sourde aux accents incertains
le condamne à partir au purgatoire, demain.

Peut-être

Seul, avec des amis
Triste ou gai, je ne sais
Pensif ou bien ne rêvant pas
Mais ne pensant qu'à toi
Ou n'y songeant même pas…
Tandis qu'au loin, là-bas
Tout est beau, ne l'est pas
Tu vis et m'obnubiles
Et je ne veux que toi
Ne te veux plus déjà.
Mais tu le vois ma belle
Le vent gonfle la toile
Je reviendrai peut-être
Je reviendrai… Peut-être.

Souvenirs d'une harpe

Vaporeux, éthéré, frissonnant comme l'écharpe
un charme printanier, une tristesse pensive
au milieu de l'amour flottant à la dérive
deux délicates mains qui caressent la harpe
et dans nos jeunes oreilles pleines de mélancolie
ces gouttes de musique déposent leurs baisers.
Laissons donc sur la mer le couchant s'éloigner
et jouissons librement de ces sons infinis

L'horizon, par trop gris, appelle le départ
mais le ciel enchanteur renvoie ces airs, épars,
cette musique divine, cette musique femme
fontaine de plaisirs où s'épanouissent les âmes.

Une goutte nacrée coule sur ma joue souillée,
une goutte étiolée née dans mon œil charmé ;
elle vient de recouvrer son entière liberté
pour un charmant souvenir, une pincée de passé.

Cette musique fut la tienne, je l'avais oublié
j'ai voulu m'amuser en me croyant blasé
laps de temps usé que vient de restituer
l'espace d'un instant cette grêle mélopée.

Chasse-marée

Un petit vent noroît, un petit vent coulis
hante les haubans bâbord, et glisse le long des ris

Le mois d'août, solennel,
plaque un soleil placide sur la voile de misaine
rapiécée et jaunie

Les voiles sont toutes hissées
la vie va commencer !
Mâtin ! Le perroquet commence à faseyer

L'écoute vient de casser ; elle était abîmée
rongée par l'eau salée. Quelle belle échauffourée !

Et les jurons qui fusent ; la grosse corde de chanvre
brûle la paume des mains mais la voile est matée…

Demain, nous quitterons l'estuaire.
À bientôt, Trentemoult
Le bois gémit et j'aime ces senteurs de varech

Les bouteilles et les rires...
L'eau qui clapote, docile, reflète le bout-dehors,
soumise mais pas domptée.

Les yeux sont délavés et la langue salée
les mains ensanglantées mais ils sont enchantés

Dans le sillage d'écume plongent des mouettes criardes
le navire est toilé à tout faire craquer.

En silence

Accroupi près du banc, il regarde et il pense ;
les gens passent, lentement différents, en silence

Certains semblent hésitants.
Le soleil printanier brille comme par accident
répugne à éclairer.

Vent qui vient de nulle part navigue dans le néant
s'en vient et puis repart
et souffle, tout doucement.

Assis, droit sur le banc, il regarde une pierre
il hume, et sent ce vent qui se faufile dans l'air
embaumé du printemps. Vraiment, quel drôle de temps !

Fatale jalousie

Ami, tu me regardes tendrement et tu pleures…
Pourquoi cette querelle, pour cette mulâtresse ?
Tu avais, un peu bu, moi j'avais mal au cœur
pour avoir abusé de ce Bourgogne ; l'ivresse

Et puis elle est entrée, nous l'avons regardée
toute de noire vêtue. Sa longue cape de velours
tombait à ses chevilles, cascade de reflets.
Nous nous sommes levés, foudroyés par l'amour

Sa peau douce et ambrée et ses yeux vifs, marron ;
cette beauté vireuse… Elle nous a séparés !
En un instant, maudit, après tant de passion
l'existence partagée, nous nous sommes entretués.

Mon manteau de bougran, tu me l'avais donné.
T'en souviens-tu, copain ? Et me voilà gisant
ce vêtement déchiré par ton coup de stylet
et toi qui me regardes et me pleures, doucement.

Pour cette jeune femme qui était bien trop belle
nous nous sommes battus et mon sang a coulé.
Oh ami ! Le sais-tu, le pourquoi de ce duel ?
Qu'importait cette fille, face à notre amitié…

Cette beauté tumulaire, ami qui me regarde
cette beauté fascinante, il te faudra la fuir !
Maintenant que je suis mort, fasse que Dieu te garde
Je prierai pour ton âme, dans les jours à venir.

Entends le vent qui bruisse, il est un peu ma voix
comment te dire ami, qu'il te faut oublier ?
Comment te dire, copain, que je ne t'en veux pas
pour cette querelle stupide et ce duel insensé...

Moi je sais l'euphorie de cette nouvelle vie
où ton coup de poignard m'a projeté, soudain
mais tu restes sur Terre, seul avec cette fille ;
j'ai peur pour toi ami, peur de tes lendemains.

Pourquoi est-elle venue et nous a regardés ?
Et pourquoi d'un regard nous a-t-elle enchantés ?
Pourquoi ne puis-je te dire, toi l'ami qui m'a tué
de venir me rejoindre. Me voici esseulé…

Révolution

Charrettes geignantes
qui bringuebalent lourdement
sur les pavés, branlantes
avec leurs chargements

Condamnés de tous âges
que la guillotine guette
observés au passage
par une foule muette

Volutes de fumée
gueules béantes des canons
têtes décapitées
couronnées, ou sans nom

Odeur puissante de poudre
la Vendée pleure tous ses héros
les Bleus ont fini d'en découdre
le jardin fleurit, de nouveau.

Mauvais rêve

J'ai senti sous mes pieds le sable se dérober
mon bonheur se diluer, se mêler à la mer
des frissons inquiétants ont irrité mes nerfs
mon esprit a pris peur de cette belle journée

L'eau ondule sur ma peau en vagues bienvenues
toute ma chair s'anime et mousse comme l'écume
soudain me voici fluide, mais rempli d'amertume
je m'en vais à vau-l'eau comme un bois vermoulu

La douleur me traverse et me quitte, sans regret
puis elle laisse mon corps au courant qui défile
je dérive au hasard dans ce monde muet

Mon cœur palpite encore, au rythme des méduses
continuant à nourrir mes veines dissolues
et dispensant la vie à mes pensées recluses

Mais j'aperçois enfin le soleil, immobile
le cauchemar a pris fin et je suis revenu
toutes ces vaines craintes ont bientôt disparu…

La petite fille aux yeux verts

La petite fille que j'ai mise dans mes draps
et que j'ai laissée, femme, repartir là-bas,
était certainement faite pour moi

J'aimais sa peau de velours, rose
ses yeux verts de catin morose
quand, toute nue, elle prenait des poses

J'aimais sa langue, comme une sucette
ses nattes d'enfant que j'ai défaites
en la prenant, là, sur la couette

Ingénue, au premier abord
elle a vécu nos ardents transports
comme une naissance, comme une mort

La petite fille que j'ai prise dans mes bras
et que j'ai laissée, femme, repartir là-bas
toute ma vie, il m'en souviendra.

Joël

Je reverrai longtemps ce vieux marin
s'en aller dans sa barque si frêle
heureux de tout, vivant de rien ;
je crois qu'on l'appelait Joël.
Il partait dans l'aube naissante
brassant l'eau de ses avirons
et sa barcasse, carcasse geignante
fleurait le bois et le goudron.
Il allait pêcher le poisson
et rapportait souvent un thon
mais parfois il ne pêchait rien
Cela lui importait fort peu
car il était déjà bien vieux
il n'avait plus tellement faim
Il voguait dans sa coquille de noix
toujours prêt à défier l'océan
n'obéissant qu'à une loi
qui était : aller de l'avant !
Ses mains étaient dures et calleuses
elles étaient tellement usées…
elles n'étaient même plus douloureuses
mais son corps restait musclé

Il aurait pu vivre cent ans
il aurait pu pêcher longtemps
et être parmi nous encore
Mais la mer un jour l'a piégé
dans la tempête, il a coulé
on n'a pas retrouvé son corps.

À même le sol

Les mots qui glissent,
qui s'entrechoquent
mots qui se bloquent
fronts qui se plissent
Préliminaires vite expédiés
debout, assis ou bien couchés
à l'orée d'une forêt
au bord du sentier
un rentier, excité
joue avec son duvet
Elle répond aux caresses
et gémit de plaisir
murmure ce qu'il faut dire
quand il empoigne ses fesses
Une cigarette qui fond,
une langue qui la fouaille
ou fouille sa bouche, canaille
avec tant de passion
Son ardeur s'éveille
les couleurs prennent la fuite
de ses joues, mais sa…

se dresse : quelle merveille
Ils se chevauchent, alors
et vibrent à l'unisson
dans ce duo polisson
un fougueux corps-à-corps
Si la mousse les souille
que la terre les salit
qu'importe ce mauvais lit :
il se vide les…

Le réfrigérateur

En mille neuf cent soixante et quelque, mes parents
acquirent cet appareil noir
qui refroidit avec ardeur les aliments que j'y dépose
Lui seul préserve mes pastèques, mes tomates et mes épinards
mes artichauts et mes choux-fleurs et ces volailles dodues, si roses.

Insulté, traité de métèque, exilé au fond du couloir
il fut même privé de moteur et il devint bien vite morose
J'en fis alors une bibliothèque et vins l'ouvrir, soir après soir
je n'y déposais plus de beurre mais mes écrits, toute ma prose

Par mégarde j'y mis un bifteck et puis du lait ; en venant boire
je fus saisi d'une sainte peur : quoi, le bafouer, ainsi, moi, j'ose ?
Je pensais aux philosophes grecs et à Pascal, Descartes, Cendrars
qui auraient critiqué ce leurre, auraient dénoncé cette psychose

Dans les années quatre-vingt-dix, j'emportai l'appareil chéri
chez un mécanicien ami qui sut lui redonner vie
Depuis ce temps, il refroidit matin et soir ; et le midi
il offre à mes invités ébahis des produits frais : bon appétit !

Hommage à Jean de la Fontaine

Un canari, chétif, posé sur une branche
cherche à coiffer ses plumes, est gêné par sa manche
un canard asthmatique arrive et le voit faire.
Son canot pneumatique, une simple chambre à air
semble se dégonfler, mais le canard s'en moque
car même s'il doit couler, il nage comme un phoque.
Le canard asthmatique rigole à qui mieux mieux :
l'autre gigote en tous sens, secoué de tics nerveux ;
Le canari, furieux, lui jette à la figure
en des termes douteux : « t'as vu ta gueule de bure ? »
Le canard est outré, s'apprête à repartir
vexé d'être insulté par ce petit satyre.
Ainsi finit l'histoire, du moins dans la légende
Car il y eut des coups, des déboires, des amendes.
Le canard gagna-t-il ? Ou fut-il trucidé ?
Le canari, fragile, se fit-il égorger ?
Mais saurons-nous un jour comment cela finit ?
Pesons le pour, le contre, et buvons un whisky.

Certitudes

On ne naît jamais vieux
on meurt souvent morose
on a peur de la nuit
pourtant pleine de tendresse
on se croit sans détresse
on n'entend bien les cœurs
que quand ils cessent de battre
on a parfois bon goût
mais on en a trop peu
c'est vrai, on pose partout
des monceaux de vieux pneus
des carcasses de voiture
des usines qui fument

On aime aimer et l'être
on a peur de son maître
l'enfant qui vient de naître
fier de son premier mètre
voudra toujours paraître
plus vieux, plus beau, moins bête.
Satanées certitudes…

Le printemps

Une explosion florale de couleurs chatoyantes garnit les
arbres chauves

Le soleil, à nouveau, réchauffe de son œil clair
l'atmosphère et la terre

Des bambins blonds ou bruns investissent les jardins
les sous-bois et les squares

Merveilleuses fragrances herbe coupée, pollen
et produits du marché

Le printemps qui revient donne envie de hurler sa joie :
ça fait du bien !

Les enfants

Sur la plage les enfants rient à en perdre haleine
ils ont organisé une chasse à la baleine ;
sur des sentes glissantes et des pentes austères
un corbeau prend son vol mais retombe sur terre

Les vagues à tout battant suivent un rythme endiablé
le diable se tresse les cornes et se mord les pieds,
un navire sans avenir coule au fond du silence
le corbeau qui le voit accélère la cadence.

Tu arpentes le bitume dans la chaleur du soir
te voici belle et riche, mais sans une once d'espoir
l'optimisme suranné qui vient de t'être livré
fut acquis à crédit par tous tes créanciers.

Privée de tout son fard, la mort est plus jolie
le rimmel a coulé, tes yeux sont indécis
tes cheveux grisonnants frissonnent dans le vent
une lampe glisse, hésite ; puis choit, soudainement

Quand d'un sourire funeste, un sourire d'actrice
tu devins prédateur, ou plutôt devantrice
tes déboires incessants te menaient à l'hiver
dans une case ornée de motifs fort divers.

Des pépiements discrets, dans des vases ébréchés
s'épanouissent, striduleux, avant de s'envoler
les passereaux ténors qui jouent tes opéras
ont la grâce du paon et des fesses de rat

Les crédules se réjouissent de la verve des grands
Insatiables, ces diserts prêchent leurs discours pédants
les bijoux de ta mère perdent de leur couleur
leurs reflets, leur ardeur… Autant dire leur valeur !

Des chaussures écarlates gisent dans les buissons
jetées ou entassées sans faconde, sans façon
des tiroirs. prétentieux, synonymes de RANGEMENT
accueillent en leur sein la bête du Gévaudan.

Deux frêles esquimaux se protègent de la grêle
en s'enduisant le corps de graisse et de soleil
des chaises à quatre pattes reniflent d'un air tendre
le foyer de l'amour ; elles en ôtent les cendres.

Un enfant a souri, dans le matin serein
se trompant de trois heures : aujourd'hui, c'est demain !
des serpents assoiffés rampent et tirent la langue
enfin te revoilà ! Tu ris, tu les harangues !

Si une femme fatale sur un lit de guingois
sourit sans trop y croire au portier maladroit
accroupi à ses pieds pour retirer ses bas
elle va le faire payer, et il le sait déjà ;

Je vois sur ses genoux des espoirs emballés
entassés sans respect dans un panier d'osier
Elle a l'œil malicieux et les traits du démon
à tous elle demande ce que sera ton nom ;

Les nuages engourdis s'agrippent à tous les toits
Au-dessus de la plage plane le corbeau, coi
Tous ces joueurs engourdis qui défilent sans bruit
papillons qui se prennent aux lumières de la nuit…

La ville est belle ainsi ; la vie ne l'est pas moins
qu'importe la frayeur, il fera jour demain
Mon enfant pense à moi et d'ici, je le vois
grandir jour après jour, pousser mois après mois.

Le monde des grands

Temps qui passe et qui use
ma peur qui vous amuse
vos réflexions qui fusent

On peut bien paniquer
quand on est habitué
à la sécurité

Quand on ne connaît rien
ni adresse, ni chemin
ni école, ni copain

Reflet, là-bas, qui luit
incertain, imprécis
une ville ; c'est Paris ?

Dans la nuit des néons
en terrasse des garçons
une avenue, des camions

Des tours immenses et noires
des cours et des couloirs
des hôtels, des trottoirs

De superbes monuments
des maisons, des, logements
des pubs, des restaurants

Des cabarets, des bars
des édifices, des gares
des nantis, des clochards

Une foule sans toi
où es-tu ? Je te vois !
tu me serres dans tes bras

J'ai eu peur cette nuit
c'est tellement grand, Paris
et je suis si petit

Mais te voici, maman
et tu sais, à huit ans
se perdre, c'est inquiétant.

Âgé de six ans

Être âgé de six ans, mesurer un mètre vingt
dévorer comme un ogre et tomber de sommeil
quand le soleil se couche

Être âgé de six ans
et se moucher, salement
sur la manche du blouson en riant aux éclats
au milieu des copains

Être âgé de six ans, la chemise souillée
par la tartine de beurre et le bol de café
dans la hâte, renversés

Être âgé de six ans, têtu et si fragile
si doux et si méchant, émouvant sous la douche
ou le pouce dans la bouche

Être âgé de six ans
et déjà, comme un grand
ne pas croire les fables et plaisanter de tout.
Je t'adore, petit bout.

Le tatouage

Un ciel, quelques étoiles
un ange, par ci, par là
on dirait une toile :
Rubens ? Ou bien Mala ?

Un fond sonore, douceâtre
le piano qui s'anime
une bûche roule, dans l'âtre
une braise fulmine

Peut-être une illusion
un voile, ou un écran
N'est-ce qu'une impression ?
Mais ce tableau est blanc !

Un visage ridé
un sourire radieux
tatoué sur ton fessier
après tout… c'est bien mieux.

Dictatures

Combien de vies, de voix
se sont par force tues
et combien de vertus
Sont usées par les mois

Sur des paillasses sales
dans des geôles morbides
dans des cachots sordides
et des prisons centrales

Combien de voix amères
et de langues arrachées
n'ont pas pu raconter
leur peur ou leur misère

Les portes des palais
abritent, trop souvent
des rois, des présidents
dictateurs assoiffés

De puissance, de pouvoir
combien de vérités
sont encore massacrées
en même temps que l'espoir

Dans combien de pays
assassinent des milices
affirmant tuer le vice,
pas la démocratie.

Une femme alitée

Le lampadaire a l'air, vu d'ici, de pencher
une image s'impose : association d'idées
Pise… tu t'en souviens ? Tu as mangé des noix
sur les marches de cette tour, érigée de guingois

J'aime les voitures de sport, les cigares de Cuba
et plus, que tout j'adore les jolies filles, comme toi
et le souffle d'un noir dans un saxo cuivré
et le souffle haletant d'une femme alitée

J'aime, au petit matin, le soleil levant
lové dans le sofa, m'éveillant lentement
quand tes petits pieds chauds emprisonnent les miens
que balance ma joue au rythme de tes seins

La vie est magnifique et je ne peux comprendre
tous ces gens pessimistes qui ont peur de la prendre
comme elle vient, plein d'espoir, avec jovialité
comme on prend, dans le noir, une femme alitée.

La vie est magnifique et il faut profiter
de chaque instant qui passe, sans honte ni regret
chaque être trouve, un jour, la porte du bonheur
il en détient les clés, tout au fond de son cœur.

Table des matières

Quelque part, une vague 9
Ode à Bacchus 11
Une fille aveugle 15
Allitération 17
Près de toi 19
Le mariage 21
Océan 23
Le tout de mon cru 25
La rupture 27
La prostituée 29
Tempête 31
Les noyés 33
Aux accents de l'espoir 35
Un désir fugace 37
L'accident 39
Près du feu 41
L'ordinateur 43
Anonyme 45
Questions 47
Hymne aux entéléchies 49
Traîtrise de chien 51
Une patte, une main 53

Vive le sport ! 55

Condamnée 57

Le temps de lire 59

Au cœur de l'Europe... 61

Un mois trop tard... 63

Le dernier soupir.. 65

Peut-être... 67

Souvenirs d'une harpe 69

Chasse-marée.. 71

En silence... 73

Fatale jalousie 75

Révolution 77

Mauvais rêve... 79

La petite fille aux yeux verts 81

Joël.. 83

À même le sol 85

Le réfrigérateur 87

Hommage à jean de la fontaine 89

Certitudes... 91

Le printemps... 93

Les enfants.. 95

Le monde des grands 99

Âgé de six ans... 101

Le tatouage 103

Dictatures.. 105

Une femme alitée.. 107

Imprimé en Allemagne
Achevé d'imprimer en juin 2023
Dépôt légal : juin 2023

Pour

Le Lys Bleu Éditions
40, rue du Louvre
75001 Paris

Ingram Content Group UK Ltd.
Milton Keynes UK
UKHW040655120723
424996UK00004B/132

9 791037 796424